Couverture inférieure manquante

Début d'une série de documents en couleur

NOTICE

SUR

LE MANUSCRIT H. 137

DE L'ÉCOLE DE MÉDECINE DE MONTPELLIER

PAR

PAUL FOURNIER

Professeur à la Faculté de Droit de l'Université de Grenoble.

GRENOBLE
IMPRIMERIE F. ALLIER PÈRE ET FILS
Cours Saint-André, 26

1897

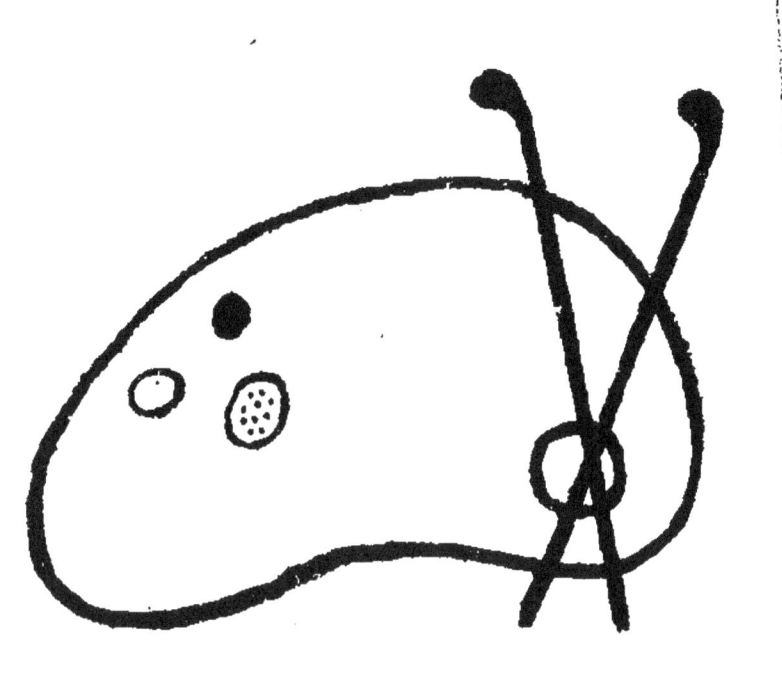

Fin d'une série de documents en couleur

NOTICE

SUR

LE MANUSCRIT H. 137

DE L'ÉCOLE DE MÉDECINE DE MONTPELLIER

PAR

Paul FOURNIER

Professeur à la Faculté de Droit de l'Université de Grenoble.

GRENOBLE
IMPRIMERIE F. ALLIER PÈRE ET FILS
Cours Saint-André, 26
—
1897

Extrait des *Annales de l'Université de Grenoble*, 2ᵐᵉ trimestre 1897.

NOTICE

SUR

LE MANUSCRIT H. 137

DE L'ÉCOLE DE MÉDECINE DE MONTPELLIER

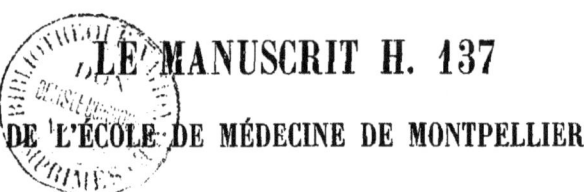

Le manuscrit H. 137 de l'École de Médecine de Montpellier est parvenu dans cette ville par suite des répartitions auxquelles ont donné lieu les confiscations révolutionnaires. C'est en l'an XII qu'il reçut sa nouvelle affectation. Antérieurement à la Révolution, il était conservé à la Bibliothèque de l'Oratoire de Troyes.

Le collège tenu par les Oratoriens dans la capitale de la Champagne

---

[1] Sur ce manuscrit, signalé par Haenel (*Catalogi librorum manuscriptorum*, pp. 234 et 235) et par Waitz (*Archiv der Gesellschaft für ältere deutsche Geschichte*, VII, p. 199), voir la notice de M. de Schulte dans son *Iter gallicum*, publié dans les *Sitzungsberichte* de l'Académie Impériale de Vienne, classe de philosophie et d'histoire, LIX, pp. 407-413. Cette notice est forcément très incomplète. Il en existe une autre, extrèmement brève, dans le *Catalogue des manuscrits de l'École de médecine de Montpellier* (série in-4° des catalogues de manuscrits publiés par les soins du Ministère de l'Instruction publique, t. I), pp. 335 et 336. Baluze a connu ce manuscrit lorsqu'il a préparé son édition des Capitulaires : Baluze, *Capitularia*, Préface, § LXXV.

avait été fondé par le testament de François Pithou, mort en 1621. A ce collège, François Pithou avait laissé la collection de manuscrits qui lui était venue par succession de son père et de son frère, Pierre Pithou, le célèbre érudit si connu par ses écrits sur les libertés de l'Église Gallicane [1]. Notre manuscrit, qu'il ne faut point considérer comme un tout homogène, est formé de deux recueils distincts qui existaient, indépendants l'un de l'autre, dans la Bibliothèque des Pithou. Ils étaient encore séparés quand ils entrèrent à l'Oratoire : la preuve en résulte de ce que l'*ex-libris* de l'Oratoire, en même temps que des titres sommaires, fut apposé sur le premier feuillet de chacun des deux recueils (fol. 1 et fol. 167 du manuscrit actuel). C'est à l'Oratoire qu'ils furent unis sous une même reliure en parchemin, celle qu'ils ont gardée jusqu'à nos jours. Nous lisons d'ailleurs dans un passage de la vie de Pierre Pithou, rédigée par Grosley, que l'un des supérieurs de l'Oratoire, « voyant les manuscrits (de Pithou) mutilés, dégradés, sans couverture, épars dans la Bibliothèque, les fit rassembler en différents volumes, sans égard aux matières, mais seulement aux différentes grandeurs [2]. » C'est évidemment alors que des deux manuscrits le relieur en fit un seul, qui reçut dans la Bibliothèque de l'Oratoire la côte IE, 18.

Il a été impossible de remonter, dans l'histoire de ces manuscrits, à une époque antérieure à leur séjour dans la bibliothèque des Pithou. De quelle collection étaient-ils sortis, c'est une question dont la solution demeure une énigme [3].

---

[1] Sur les manuscrits des Pithou, voir les renseignements donnés par Grosley, *Vie de Pierre Pithou, avec quelques mémoires sur son père et ses frères* (Paris, 1756), t. II, *passim*, notamment pp. 255 et s... Grosley a vu notre manuscrit, qu'il cite à diverses reprises d'après sa côte de l'Oratoire, IE, 18 (pp. 276 et 283); il le cite d'ailleurs en lui attribuant, à la seconde citation de la page 276, des écrits de S. Ambroise qui ne paraissent pas y avoir figuré, à moins qu'ils n'aient été compris dans la portion qui manque à la fin du manuscrit A. En revanche, divers articles qui figurent à la page 283 (Capitularia Karoli Magni, quædam concilia, Fulberti Carnotensis epistolæ) sont probablement attribués par erreur au manuscrit IO, 18, et doivent être restitués au manuscrit IE, 18 qui est le nôtre. — Sur les manuscrits des Pithou, voir L. Delisle, *Le Cabinet des Manuscrits de la Bibliothèque Nationale*, t. II, p. 8, note 2 et page 133.

[2] *Op. cit.*, t. II, p. 272.

[3] Les moines de Corbie se plaignirent de ce que Pierre Pithou eût mis à contribution leur bibliothèque (L. Delisle, *op. cit.*, p. 133). Mais rien ne prouve que notre manuscrit provienne de ce monastère.

Le premier de nos deux manuscrits, que j'appellerai manuscrit A, est le plus ancien [1]; on doit l'attribuer au xe siècle, peut-être à la fin du ixe. Les ouvrages ou les fragments d'ouvrages qu'il contient sont, comme on le verra plus loin, tirés des Pères de l'Église et d'autres écrivains ecclésiastiques. Beaucoup (mais non tous, il s'en faut), ont trait au péché, et à l'expiation du péché, soit en ce monde, soit en l'autre. Par ce côté on remarque que notre recueil présente des parties communes avec divers autres manuscrits, notamment avec le manuscrit 1750 de sir Thomas Phillips provenant de la collection des Jésuites du collège de Clermont et avec le manuscrit 1979, de la Bibliothèque de Troyes, provenant de la collection du président Bouhier. Le manuscrit des Jésuites est du xe siècle ; celui de Bouhier est de la fin de ce siècle ou du commencement du xie.

Le contenu du second manuscrit (manuscrit B), qui date du xie siècle, est surtout canonique. Il s'ouvre par deux pénitentiels ; c'est par là, peut-être, qu'il a paru présenter avec le premier manuscrit les analogies qui ont déterminé leur réunion sous une même reliure. Ces pénitentiels sont ceux auxquels on attache les noms de Fulbert et de Grégoire III. Vient ensuite un recueil très considérable de capitulaires extraits d'Ansegise et de Benoît-le-Diacre [2] ; puis les premiers chapitres d'une collection sur le mariage extraite de la collection irlandaise ; la collection en trois livres dite *Dacheriana* ; une série de canons du concile de Meaux de 845 ; une collection canonique tirée de l'*Hispana* systématique, et une autre *collection canonique tirée de l'*Hispana* chronologique. Le manuscrit se termine par une série des lettres de Fulbert de Chartres.

Il n'était pas inutile de présenter cet aperçu général du contenu du recueil. Ayant pu l'étudier à loisir grâce à la très libérale communication qui m'en a été faite, je me propose de donner une description détaillée des diverses œuvres qui composent les deux [3] manuscrits dont il est formé.

---

[1] On en trouvera ci-joints deux fac-similés dont la reproduction est due à la grande habileté et à l'extrême obligeance de M. Labatut, préparateur de physique à la Faculté des sciences de Grenoble. La planche I appartient à une partie du manuscrit A (fol. 1 à 24) dont l'écriture diffère un peu de celle des feuillets suivants.

[2] Il a été connu de Baluze, *Capitularia*, Introduction, § LXXV.

[3] J'insisterai surtout sur le second manuscrit, plus particulièrement consacré aux œuvres canoniques.

Manuscrit A

1. — Fol. 1[1] : Cur fluctuas, anima, mærorum quassata procellis..... C'est au complet, l'*exhortatio pœnitendi* qui figure dans les œuvres d'Isidore de Séville (Migne, LXIII, c. 1251 et ss.). Ici elle est précédée d'un titre du xiii° ou du xiv° siècle : Exortatio Ysidori ad penitentiam.

2. — Fol. 3, v° : Audi, Christe, tristem fletum..... C'est la pièce suivante (Lamentum pœnitentiæ) dans les œuvres d'Isidore de Séville (c. 1255 et ss.).

3. — Fol. 8, v° : Deus omnium mirabilium auctor..... C'est la pièce suivante, *pro correptione vitæ*, dans les œuvres d'Isidore de Séville (c. 1261 et ss.).

4. — Fol. 25 : Epistola sancti Hieronimi ad Rusticum de pœnitentia. Quod ignotus ad ignotum... . Lettres de S. Jérôme, édit. Vallarsi, lettre CXXII.

5. — Fol. 30 : Liber S. Augustini de pænitentia. Quam sit utilis et necessaria pœnitentiæ medicina..... S. Augustin, sermon 351, tome V de l'édition de S. Augustin dans la *Patrologia Latina*, c. 1535.

6. — Fol. 41 : Omilia S. Augustini de agenda penitentia : Rogo vos, fratres carissimi, si forte aliquis ex vobis, ut se habet..... S. Augustin, sermon 258 des sermons douteux ; *ibid.*, V, c. 1221.

7. — Fol. 43 : Beati Joannis Os Aurei de confessione. Confitemini Domino quoniam bonus. Spiritus sanctus medelam purgandi facinoris et curam admissi delicti obtulit. ... nobis misericors reddatur et pius.

---

[1] Une main du xviie siècle a ajouté sur le folio 1 les mentions suivantes : Ex libris Oratorii Collegii Trecensis : Isidori, Hieronimi, Augustini et aliorum tractatus de pænitentia ; Fides seu dogma ecclesiasticum ; Gregorii quædam opuscula ; Isidorus, de prædestinatione ; S. Augustini soliloquia. Ce sont des titres très incomplets et fort arbitrairement choisis ; ils ne se rapportent d'ailleurs qu'au manuscrit A, ce qui prouve qu'ils ont été insérés avant que la reliure ait rapproché les manuscrits A et B.

8. — Fol. 44 : Dicta Beati Augustini ex libro de vera religione. Hortor vos, homines carissimi, et proximi mei, meque ipsum hortor..... Comprend le *Liber de vera religione*, du n° XV jusqu'à la fin.

9. — Fol. 46, v° : Beati Augustini ex libro contrà Faustum Manicheum. Populus autem christianus memorias.... memoriæ celebratur. Extraits, concernant le culte des saints, des *Libri contrà Faustum*, livre XX, n° 21.

10. — Fol. 47, v° : Beati Augustini de laude caritatis. Divinarum scripturarum multiplicem..... sed etiam brevis. Sermon 350, tome V de l'édition de S. Augustin dans la *Patrologia latina*, c. 1533.

11. — Fol. 49, v° : Beati Cypriani exortacio de pænitencia. Per pœnitentiam posse..... de loco suo movebo. *Patrologia latina*, IV, c. 1153.

12. — Fol. 52, v° : Sancti Effrem de munditia animæ. Gloria omnipotenti Deo qui os nostrum superno nutu aperuit ad enarrandum de illis terribilibus..... omnia in sapientia fecisti. (S'arrête au bas du fol. 56, v° ; puis un feuillet est coupé dans le manuscrit. — C'est le discours de S. Ephrem, *De universali resurrectione et extremo judicio*, dans une traduction latine qui se rapproche beaucoup de la traduction imprimée dans les œuvres de S. Ephrem (éd. de Gerard Vossius, Anvers, 1619, in-f°), pp. 478-480 ; manquent à la fin quinze lignes de l'imprimé).

13. — Fol. 57 : Liber Aurelii Augustini de agone christiano (ouvrage entier).

14. — Fol. 69 : Liber beati Augustini episcopi de patientia (ouvrage entier).

15. — Fol. 78 : Audi filia et inclina aurem tuam et obliviscere populum tuum et domum patris tui, et concupiscet rex decorem tuum. In XLIIII psalmo Deus ad animam loquitur..... C'est, en entier, la lettre XXII de S. Jérôme à Eustochie, *de virginitate servanda*.

16. — Fol. 96 : Fides vel dogma ecclesiasticum. Credimus unum Deum..... Gennadius, *de ecclesiasticis dogmatibus* (*Patrologia Latina*, LVIII ; reproduit dans les Appendices de l'édition d'Isidore de Séville, *Patrologia latina*, LXXXI, c. 1227.) La fin, d'après notre manuscrit, diffère de la fin dans le texte imprimé, ainsi qu'il suit :

Nullus sanctus..... naturæ (c. 86 de l'édition). Propter novellos.....
invenire *pour* inveniri (c. 88 et dernier de l'édition).

Pascha, id est dominice resurrectionis sollempnitas ante transitum vernalis aequinoctii non celebranda, sed si ita tempus dederit, in ipso aequinoctio potest absque reprehensione vigilarium diés agi, non resurrectionis, ità ut transgresso aequinoctio altero die quo initium novi..... rini [1] creditur resurrectio honoretur. Similiter et de luna ut ante vespera sabbati quartadecima finiatur et post vesperam quintadecima, id est diminutio ejus incipiet, juxta traditionem veterum Hebreorum qui agnum institutione Moysi, in quartodecimæ lunæ occasu immolandum dixerunt, azima autem quartodecimæ exordio edi. Hanc regulam ex apostolorum decursam successione etiam et sancta apud Niceam sinodus confirmavit. (Même sujet que celui qui est traité au c. 87 de l'édition, mais texte tout différent.)

Ici finit l'œuvre de Gennadius.

17. — Fol. 104 : Gregorii : ut nullus pravus propter immanitatem facinorum suorum veniam desperet, sed cito ad remedium se pænitentiæ conferat. Audite, fratres charissimi, quod divina vox ad beatum Job loquitur, dicens : Numquid capies Leviathan amo ?... Dernière partie de l'homélie XXV de S. Grégoire le Grand, dans la série des Quarante homélies sur l'Évangile, *Patrologia Latina*, LXXVI, c. 1194 et ss..... jusqu'à la fin, et continue ensuite : Redemptor noster momentanos fletus nostros æterno consolabitur gaudio, quia dum libenter nostram pœnitentiam suscipit, ipse suo judicio hoc quod erravimus abscondit..... quæ fletibus lavatur in Christo Jesu Domino nostro qui vivit et regnat cum Patre in unitate Spiritus Sancti, per omnia sæcula sæculorum. Amen.

18. — Fol. 105, v° : Augustinus, de compunctione cordis. Compunctio cordis ex humilitatis virtute nascitur..... haud dubium est. Forme le chap. XI du *Liber de virtutibus et vitiis* d'Alcuin, *Patrologia Latina*, CI, c. 620.

19. — Fol. 106 : Augustinus, de confessione. Hortatur nos sæpius sacra scriptura ad medicamenta. ... medicamentum cum pænitentia. Chap. XII du même ouvrage, *ibid.*, c. 621-622.

20. — Fol. 106, v° : Quamvis originalia in baptismo..... Début du

---

[1] Mot à moitié effacé,

prologue d'Halitgar de Cambrai (*Patrologia Latina*, CV, c. 654). Ce prologue est incomplet, parce que des feuillets ont été enlevés au manuscrit entre les fol. 106 et 107. Le texte s'arrête, au bas du fol. 106 v°, aux mots : Deus non spernit.

Fol. 107 : Possit superbia deprehendi. Habitus quoque et incessus..... per donum Sancti Spiritus et muniti.

Fol. 107 : Remedium contrà superbiam. Superatur namque hoc pestiferum vitium... . Deo placent.

Fol. 107, v° : De vitio inanis gloriæ. Inanis namque gloria devictum cor. ... gloria amittis.

Fol. 108 : Remedium contrà inanem gloriam. Hujus morbi medicamentum salubre Dominus in Evangelio..... intra in gaudium Domini tui.

Fol. 108, v° : De invidia. Invidia quoque devictum cor..... non habere.

Fol. 109 : Remedium contrà invidiam. Sane notandum quod huic noxio vitio..... emundandum.

Fol. 109, v° : De vitio iræ. Ira etiam devictum cor..... in corde viri.

Fol. 110 : De remedio iræ. Notandum sane quod hoc noxium vitium pacientia..... amputentur delicta.

Fol. 111 : De tristicia. Tristicia quoque devictum cor quasi ex ratione..... tristabitur plurimum.

Fol. 111, v° : Remedium contrà tristiciam. Superatur namque hoc nefas spirituali gaudio..... in umbra vita ejus.

Fol. 112 : De vitio avaritiæ. Avaritia quoque devictum animum..... qui congregat illud obscurabitur.

Fol. 112, v° : Remedium contrà avaritiam. Dominus in Evangelio salubre medicamentum..... timor Domini discedat.

Fol. 113, v° : De vitio ventris ingluvie (*sic*). Ventris quoque ingluvies devictum cor..... destruere solet.

Fol. 114 : Remedium contrà concupiscentiam gulae. Quod si primus homo voluisset in illa..... sacerdotis est faciendum.

Fol. 115 : De vitio luxuriæ. Luxuria quoque devictum cor quasi ex ratione..... commoverit appetitum.

Fol. 116 : Remedium contrà luxuriam. Hoc nequissimum vitium..... rore Sancti Spiritus extinguatur.

Ce traité sur les vices et leurs remèdes se rapproche beaucoup, tant par la pensée que par la forme, du traité analogue qui forme le livre Ier du Pénitentiel d'Halitgar (*Patrologia Latina*, CV, c. 653 et ss.). Les *incipit* et quelquefois les *explicit* sont analogues dans les deux ouvrages ; mais les textes sont très différents. De même ce traité ne se confond pas avec les textes analogues du traité *De vitiis et virtutibus*, publiés dans les œuvres de Raban Maur (*Patrologia Latina*, CXII, c. 1337 et ss.). Le traité contenu dans notre manuscrit se retrouve au fol. 244 du ms. 1979 de la Bibliothèque de Troyes (ms. de la fin du xe siècle ou du xie).

21. — Fol. 117 : Sententia S. Eucherii in epistolam Sancti Johannis ubi pro quibusdam horare prohibet. Joannes Apostolus dicit : Est peccatum usque ad mortem ; non pro illo dico ut quis roget. Utique usque ad mortem peccat ille peccator..... in quo est remissio peccatorum. Se retrouve jusqu'à ces derniers mots dans Livre I des *Instructiones* de S. Eucher, *Corpus scriptorum ecclesiasticorum latinorum*, XXXI (Vienne, 1894), pp. 138-139, et *Patrologia latina*, L, c. 811. La suite du texte, — une demi-page, — n'est point dans le texte imprimé d'Eucher : Ex quibus nimirum sententiis aperte datur intelligi quod pro illis non conveniat sacrificium offerre..... pejores demonibus comprobantur.

22. — Fol. 118 : Augustinus de falsis testibus. Falsus testis, dicit Salomon, non erit impunitus..... digni inveniantur. Se trouve dans l'ouvrage ci-dessus cité d'Alcuin, c. XXI.

23. — Fol. 118 : Judicium de falsis testibus. Falsos testes..... diluerint. Halitgar, *Pénitentiel*, IV, 30.

24. — Fol. 118 : De juramento. Dominus dicit in Evangelio : Audistis quia dictum est..... Ideo jurationi non adquiescas os tuum..... instabile flagitium.

25. — Fol. 118 : Judicium de perjuriis. Quicumque vero scienter..... revertatur. Halitgar, *Pénitentiel*, IV, 28.

26. — Fol. 118, v° : Augustinus, de fraude cavenda. Qui nos benigne ammonet de nostra substantia pauperibus..... necessitatem patientibus. (Se trouve dans l'ouvrage précité d'Alcuin, c. XIX).

27. — Fol. 118, v° : De furtis. Qui vero cupiditate..... agat. Halitgar, *Pénitentiel*, IV, 29.

28. — Fol. 119 : Gregorius, de discordia. Apostolus dicit : non est enim Deus dissensionis, sed pacis..... noverimus offerre.

29. — Fol. 119 : Augustinus; de his qui non solum auguria adten-

dunt, sed, quod est adhuc gravius, divinos, auruspices *(sic)* et sortilegos secundum paganorum consuetudinem inquirunt, ut possint aliqua scire futura. Bene nostis, fratres carissimi, me vobis supplicasse.....
(S. Augustin, sermon 278 des sermons douteux, t. V de l'édition de S. Augustin dans la *Patrologia Latina*, c. 2269).

30. — Fol. 120, v° : De detractione[1]. Sapientia Dei per Salomonem dicit : Qui detrahit alicui rei ipse se in futuro obligat. ... Jacobus quoque Apostolus dicit : Nolite detrahere alterutrum..... Sed tamen non est detrahere verum dicere.. .. hunc persequebar.

31. — Fol. 121 : De contentione. Egregius quoque prædicator dicit : Cum enim sit inter vos zelus et contentio..... ita contentio destruit.

32. — Fol. 121 : Augustini, de ebrietate. Licet propitio Christo, fratres karissimi..... S. Augustin, tome V de l'édition de la *Patrologia Latina*, c. 2103.

33. — Fol. 122, v° : Interrogatio Petri Diaconi de maledictione. Num quidnam valde grave esse credimus..... Suivi de la réponse de Grégoire, d'une autre question (Quid si homo.....) et de la réponse. Se termine à hereditate possideatis. Cf. *Dialogi S. Gregorii magni*, édit. Maurin., p. 312. A la fin le texte diffère du texte imprimé.

34. — Fol. 122, v° : De mendatio. Egregius prædicator dicit : Deponentes omne mendacium loquimini veritatem..... Psalmista quoque dicit : Perdes omnes..... Omne quod a veritate discordat, iniquitas est.

35. — Fol. 123 : De verbo otioso[2]. Dominus dicit in Evangelio : Dico autem vobis quia omne verbum otiosum..... ad noxia cito transit.

36. — Fol. 123 : De cogitationibus malis. Dominus dicit in Evangelio : Ab intus enim de corde hominum cogitationes male procedunt..... semper a Deo sunt.

37. — Fol. 123, v° : De curiositate. Beatus Augustinus dicit : O quam inepræhensibiles esse poteramus, si tam diligenter..... exteriora cogitare.

---

[1] Ce n'est point le fragment *de maledictione et detractione* qui forme le c. 14 du *Pœnitentiale Pseudo-Theodori*, dans Wasserschleben, *die Bussordnungen*, p. 601.
[2] Ce n'est point Ben. Lev., Add., IV, 82.

38. — Fol. 123, v° : Gregorii, de fructu digno penitentiæ. Johannes Baptista ammonet dicens : Facile ergo fructus..... impertire stude.

39. — Fol. 124 : De sacro baptismo. Primo paganus catecumenus fit, accedens..... vitæ donatus æternae (Alcuin, *opusculum de baptismi ceremoniis, Patrologia Latina*, CI, c. 611-614).

40. — Fol. 124, v° : De diversis penitentiæ fructibus. Post illam namque generalem baptismi gratiam..... provocemus (Cf. ms. Phillips, 1750 [1], du x° siècle, fol. 1).

41. — Fol. 126 : De satisfactione et oblivione præteritorum criminum. Noverimus autem nos..... pervenitur (*Ibid.*, fol. 2).

42. — Fol. 126 : De non celandis propriis peccatis. Si peccaverit, inquit, unus..... criminum socios (*Ibid.*, fol. 2 *b*.).

43. — Fol. 126, v° : De alienis peccatis non tacendis. Anima quæ audit vocem juramenti..... digni sunt morte (*Ibid.*, fol. 3).

44. — Fol. 129 : Quod duodecim modis fiat remissio peccatorum. Duodecim namque modis peccata remittuntur.

Prima itaque est remissio peccatorum in sacramento baptismi..... (Le second mode de rémission est le martyre; le troisième, la charité; le quatrième, la *profusio lacrymarum;* le cinquième, la confession au prêtre; le sixième, l'*adflictio cordis et corporis;* le septième, l'*emendatio morum;* le huitième, l'intercession des saints; le neuvième, *misericordia et fidei meritum ;* le dixième, *conversio et salus aliorum ;* le onzième, *indulgentia et remissio nostra*, c'est-à-dire le pardon des offenses; le douzième, *elemosinarum fructus*)..... in mortem dedit..... per omnia sæcula sæculorum. Amen. (Ce fragment[2] se retrouve dans la collection canonique du ms. 1979, de Troyes, provenant de Bouhier, sous le n° CCXXXII; il forme aussi le c. 187 du livre XII de la collection canonique en XII livres provenant de S. Pierre de Troyes, et conservée à Troyes, sous le n° 246).

---

[1] Sur ce manuscrit, de la collection de sir Thomas Phillips (actuellement conservé à la Bibliothèque royale de Berlin, sous le n° 106), voir le catalogue dressé par M. Valentin Rose, *die Meerman-Handschriften des sir Thomas Phillips* (Berlin, 1893, in-4°), p. 223 et ss.

[2] Il ne se confond pas avec le fragment analogue qui se trouve dans le *Confessionale Pseudo-Egberti :* Wasserschleben, *die Bussordnungen*, p. 304.

45. — Fol. 128 : De commemoratione defunctorum et de missis pro eis et cur tercius, septimus, vel trigesimus aut anniversarius dies celebrentur, etc..... = le c. 30 du Pénitentiel de pseudo-Théodore (Wasserschleben, *die Bussordnungen*, p. 613), avec le prolongement : In libello qui est de vita sancti Fursi (*sic*) scriptus legitur, quod idem sanctus vir..... (vision de S. Fursy : faute que commettent les prêtres en recevant les aumônes des mourants)..... cadavera mortuorum. (Cf. ms. Phillips, 1750, où l'on retrouve le même texte avec la même annexe).

46. — Fol. 130 : Série de fragments de S. Grégoire sur les défunts, le purgatoire, etc. Cette série se retrouve dans le ms. Phillips, 1750, f. 43 b. Gregorii, quid prosit animabus si mortuorum corpora in ecclesia fuerint sepulta, quem (sans doute pour quos) gravia peccata non deprimunt (*sic*). Hoc prodest mortuis si in ecclesiis..... accuset. (S. Grégoire, *Dialogi*, IV, 50).

Fol. 130, v° : Item ejusdem, quod post mortem purgatorius ignis sit. In Evangelio namque Dominus dicit : Ambulate..... promereatur. (*Dialogi*, IV, 39).

Fol. 131 : Item ejusdem, quod infernus sub terra esse credatur. Nonnulli namque in quadam terrarum parte..... credatur (*Dialogi*, IV, 42).

Fol. 131, v° : Item ejusdem; quod unus esse gehennæ ignis credendus sit. Unus quidem est gehennæ ignis..... exurat (*Dialogi*, IV, 43).

Ibid. : Item ejusdem : quod hi qui semel illic mersi fuerint semper arsuri sint. Constat nimis..... minatus est Deus (*Dialogi*, IV, 44).

Ibid. : Item ejusdem. Quod nunc ante restitutionem corporum in cælum recipi valeant animæ justorum, non tamen omnium. Neque hoc de omnibus justis..... æternam in cælis. (*Dialogi*, IV, 25).

Fol. 132 : Item ejusdem. Ut sicut electos post mortem beatitudo letificat, ità credi necesse est quod a die exitus sui ignis reprobos exurat. Sicut sanctorum animas..... exurat. (*Dialogi*, IV, 28).

Ibid. : Item ejusdem. Quod non solum boni bonos in regno et mali malos in supplicio, sed etiam boni malos et mali cognoscunt benos. Dominus dicit in Evangelio : Homo quidam erat dives et induebatur..... refrigeret linguam meam. (*Dialogi*, IV, 39).

Ici finit la série de S. Grégoire, commune au manuscrit de Montpellier et au manuscrit Phillips.

47. — Fol. 132, v° : Reverentissimo..... Regimboldo Hrabanus..... Nuper ad nos..... daturus est præmium. Lettre de Raban Maur à Regimbald (Migne, CXII, c. 1507 et ss.). Se retrouve dans le ms. Phillips 1750, fol. 3, et dans le ms. de Troyes 1979, sous le n° XLI.

48. — Fol. 133, v° : Sancti Effrem de compunctione cordis. Venite, dilectissimi, exhortationem meam suscipite..... ad vitam trahatur æternam (S. Ephrem, *de judicio extremo et de compunctione* : version latine qui se rapproche beaucoup de la traduction imprimée dans l'édition des œuvres de S. Ephrem donnée par Vossius, pp. 182 et ss.).

Suivent douze lignes sans titre, sur l'Église : Aqua quippe ecclesiæ fidelis et salutaris et sancta est bene utentibus..... sic ergo baptismus ecclesiæ potest extrà ecclesiam, munus autem beatæ vitæ non nisi intrà ecclesiam repperitur..... Hæc est una quæ habet et possidet sponsi et domini sui potestatem.

49. — Fol. 137 : Sancti Isidori de prædestinatione. Gemina est prædestinatio..... perpendere ordinem (Isidore de Séville, *Sententiæ*, II, c. 6).

50. — Fol. 137, v° : Incipit liber sancti Johannis Os aurei de compunctione cordis. Cum intueor te, beatæ (*sic*) Demetri, frequenter insistentem..... atque opera negligenti. Amen. Cf. *Patrologia Græca*, XLVII — S. Chrysostome, I — c. 391 et ss.).

51. — Fol. 142, v° : Incipit Soliloquiorum liber primus..... (Les deux livres des Soliloques de S. Augustin).

52. — Fol. 166 : Rétractations sur les Soliloques : Inter hæc scripsi etiam duo volumina..... contra quorum opinionem quando.....

Ce fragment est interrompu un peu avant la fin, au bas du feuillet 166, v°. Un ou plusieurs feuillets ont été enlevés. Ainsi, nous pouvons constater que le manuscrit A est incomplet, sans que nous soyons en mesure de déterminer l'importance de la partie manquante.

Manuscrit B

Ce recueil, du xi° siècle, s'ouvre au fol. 167 du manuscrit actuel. Ce feuillet porte des mentions qui ont été ajoutées au xvii° siècle, alors que le manuscrit B était encore indépendant du manuscrit A [1].

---

[1] On lit sur ce feuillet, en écriture du xvii° siècle, d'abord la mention : Ex Libris Oratorii Collegii Trecensis ; puis ces mots : Pænitentialis liber ; Item capitulare Caroli Magni ; Quædam concilia ; Fulberti Carnotensis episcopi epistolæ. Ces titres, comme ceux du manuscrit A, sont incomplets et insuffisants.

53. — Fol. 167 : Incipit penitentialis de diversis criminibus et remediis eorum.

Si quis homicidium fecerit sponte VII annos..... C'est le pénitentiel dit de Fulbert de Chartres, d'après un ordre un peu différent de l'ordre habituel et quelques variantes. Je mentionne les plus importantes de ces variantes, en comparant le texte à celui de M. Schmitz, *die Bussbücher*....., p. 773, et j'indique l'ordre suivi par notre manuscrit :

1	=	Schmitz,	1
2	=	—	2
3	Si qua partum necat..... semper sexta feria jejunet = le début de l'avant-dernier chapitre de ce Pénitentiel, tel qu'il est publié par Wasserschleben, *die Bussordnungen*, p. 624. Ce texte manque dans l'édition de M. Schmitz.		
4	=	Schmitz,	7
5	=	—	10
6	=	—	11
7	=	—	12
8	=	—	13
9	Puis, le parchemin étant lacéré, on distingue seulement : consanguineus habuerit, II annos.		
10	=	Schmitz,	14
11	=	—	20
12	De sacrilegio, VII annos.		
13	=	Schmitz,	16
14	=	—	18
15	=	—	19
16	=	—	8
17	=	—	9 ; mais ajoute, après I^{am} quadragesimam. Si per seipsum, II quadrages.; si consuevit, I ann., et semper sexta feria jejunet[1].
18	=	Schmitz,	5 [2].
19	Mater infantis mortui per negligentiam sine baptismo tres ann., unum, foris et omni vita sua semper sexta feria jejunet.		
20	=	Schmitz,	3 [3].

---

[1] Cf. Wasserschleben, p. 623.

[2] Le c. de Schmitz se termine aussi dans notre manuscrit : Si vir suus in domo fuerit, III ann., I in pane et aqua.

[3] Var : vulnere debilitaverit vel deturpaverit.

21   Si quis pedem vel manum tulerit vel aliquod membrum principale, III, et semper VIᵃ feria jejunet[1].

22   Si infans ceciderit in aquam et mortuus fuerit, parentes uno anno peniteant.

Grâce à ce tableau on pourra se rendre compte des analogies que présente ce texte avec celui que donne M. Schmitz (et aussi avec celui de Wasserschleben). — C'est évidemment une variante du Pénitentiel dit de Fulbert.

54. — Fol. 167 : Pénitentiel dit de Grégoire III, en 33 chapitres, avec son prologue : *Cernimus in ecclesia*..... (Cf. Wasserschleben, p. 535-547. Le texte est complet, comme dans l'édition de Wasserschleben).

55. — Fol. 172, v⁰ : Collection de capitulaires extraits d'Ansegise et de Benoît le Diacre[2].

Incipit præfatio Ansegisi Abbatis. Dominante..... congessi : (Borelius, *Capitularia*, I, 394).

Incipit præfacio domini imperatoris Karoli. Regnante..... remuneretur (*Ibid.*, p. 397).

Incipit præfatiuncula libelli secundi....., libelli tertii..... libelli quarti. (Suivent les trois petites préfaces : *Supra in primo, Superius*, et *Quia supra*, des livres II, III et IV d'Ansegise. (*Ibid.*, pp. 413, 424, 435).

Epistola Zachariæ papæ, Francis et Gallis directa. = Ben. Lev., dans l'édition des *Monumenta Germaniæ, Leges*, t. II, p. 45, c. I du Livre I.

Incipit synodus..... : = c. 2 de Bened. Lev., livre I, *ibid.* p. 45.

Incipiunt versus de predictis principibus. Aurea progenies..... Poésie imprimée dans l'édition de Bened. Lev., p. 40.

Incipit altera synodus..... (c. de Leptines) : = c. 3 de Bened. Lev., livre I, p. 46. Le texte est le même que celui de Benoît le Diacre.

De hoste et pugna atque arma sacerdotibus prohibita nisi electis (*sic*). = Bened. Lev., III, 141.

Suit Bened. Lev., III, 123, capitulaire ayant le même objet.

---

[1] Cf. Wasserschleben, p. 623.

[2] Baluze, qui a connu ce manuscrit, a donné une description brève et imparfaite du recueil de capitulaires, dans sa préface aux *Capitularia*, LXXV.

Puis : Capitulo CCXXXVIIII. Personæ solent in judicio esse quatuor..... aliquid vitanti. (Cf. Bened. Lev., III, 339).

Capitulo CCLXXXI. Ut nullus comparet caballum bovem et jumentum vel alia nisi illum hominem cognoscat qui eum vendit aut de quo pago est vel ubi manet aut quis est ejus senior.

Sequentia quædam capitula..... jussimus. Préface de l'*Additio* IV à la collection de Benoît le Diacre. (Cf. édit de Bened. Lev., p. 146, et Schulte, *Iter Gallicum*, p. 409).

Suivent le c. 1 et le c. 4 de cette *additio IV*a.

Fol. 177, v° : Au haut de la page commencent les extraits d'Ansegise et de Benoît le Diacre. Table de 43 chapitres : suivent, numérotés de 1 à 43, ces chapitres empruntés au livre I d'Ansegise. Ce sont, d'après l'édition Boretius, les chap. 1, 3, 6, 7, 8, 10, 16, 20, 31, 38, 40, 41. 50, 54, 61, 66, 69, 71, 72, 73, 75, 82 à 87, 96 à 102, 125, 133, 134, 135, 144. 136, 139, 150, 151, 155, 156 **(1-43)** [1]

Fol. 180 : Finit liber primus. Incipiunt capitula secundi libri. Après un index, les six chapitres suivants du livre II d'Ansegise : 21, 24, 37, 38, 40 et 43 **(44-49)**.

Fol. 180, v° : Explicit liber secundus. Incipiunt capitula libri tercii. Après un index, les trois chapitres suivants du livre III d'Ansegise : 44, 55 et 79 **(50-52)**.

Fol. 180, v° : Explicit liber tercius. Incipiunt capitula. Index des 533 chapitres, numérotés de 54 à 586. Puis les textes de ces chapitres :

(53) = Ansegise, IV, 51. .
(54) = — IV, 60.

Suivent des textes empruntés à Benoît le Diacre, dans l'ordre suivant :

Bened. Lev. I : 6, 7, 8, 18[2], 21, 27, 28, 30, 36, 37 **(55-64)**.
41, 47, 44, 55, 62, 63, 71, 73, 74, 60 **(65-74)**.
99, 100, 101, 111, 112, 116, 118, 119, 120, 121 **(75-84)**.
122 à 125, 127 à 132 **(85-94)**.
133 à 137, 139 à 142, 145 **(95-104)**.
146 à 149, 152 à 156, 158 **(105-114)**.
159, 160, 162, 164, 166, 167, 169, 171, 172, 174 **(115-124)**.

---

[1] Les chiffres indiqués entre parenthèses, en lettres grasses, représentent la numérotation propre à la collection que j'analyse. Les sommaires de cette collection sont en général ceux d'Ansegise ou de Benoit.

[2] *Licentia* pour *Comiato*.

175, 177, 180, 185, 186, 192, 212, 191, 216, 230 **(125-134)**.
231, 261, 275, 290, 300, 309, 316, 317, 323, 325 **(135-144)**.
327, 329, 330, 336, 337, 339, 340, 356, 360, 364 **(145-154)**.
370, 371, 372, 383, 385, 386, 388, 392, 393, 397 **(155-164)**.
398, 399, 401, 403 **(165-168)**.
Bened. Lev., livre II : 61, 63, 67, 70, 71, 72, 75, 76, 77, 81 **(169-178)**.
83, 85, 86, 87, 88, 90 à 94 **(179-188)**.
96, 98, 107, 108, 115, 121, 122, 123, 124, 129 **(189-198)**.
131, 134, 141, 142, 145, 156, 158, 164, 177, 178 **(199-208)**.
180, 181, 182, 175, 187, 196-199, 202 **(209-218)**.
205-207, 209, 215, 216, 235, 306, 314, 321 **(219-228)**.
323, 369, 371, 403-407, 409, 411 **(229-238)**.
412-415, 421, 424, 426. Finit Liber quartus; incipit quintus : 427, 428, 430 **(239-248)**.
Bened. Lev., Livre III : 1, 21-27, 42, 57 **(249-258)**.
59, 60, 67-69, 72, 73, 85, 95, 76 **(259-268)**.
97, 98, 100, 101, 103, 105, 116, 126, 127, 138 **(269-278)**.
139, 141, 142, 157, 161, 162, 166, 168, 172, 174 **(279-288)**.
180, 190-192, 194, 197, 200, 202, 203, 205 **(289-298)**.
206, 211, 212, 214, 215, 218, 221, 222, 225, 228 **(299-308)**.
234, 236, 237, 242, 243, 245, 248, 252, 253, 258 **(309-318)**.
259, 264, 267, 269-272 **(319-328)**.
274, 278, 280, 281, 286, 290, 292, 293 **(329-338)**.
294-296, 300-302, 305, 306, 308, 309 **(339-348)**.
311, 311 (suite), 316, 317, 322, 324, 331, 336-338 **(349-358)**.
351, 360, 369, 371-376[1], 379 **(359-368)**.
380-383, 385-389, 397 **(369-378)**.
400, 401, 406, 407, 408, 424, 430, 431, 433, 442 **(379-388)**.
443, 444, 447, 452, 458, 459, 461, 462, 463, 472 **(389-398)**.
473, 475, 478. Explicit Liber VIII[us], incipit Liber VIIII[us]. **(399-401)**.
Bened. Lev., Additio II[a] : 1, 3; Additio III[a]. 7, 22, 23, 41, 56, 52-54 **(402-411)**.
55, 57, 58, 60, 61, 63, 65, 66, 67, 71 **(412-421)**.
72, 93, 99, 112-116 **(422-429)**.
Bened. Lev. Additio IV[a] : 1, 6, 35, 46, 49, 50, 51, 63-65 **(430-439)**.

---

[1] *Ductores* et non *auctores*.

66, 69, 68, 90, 93, 113, 144, 160, 34 (**440-448**).

Bened. Lev., III, 177; Additio IV, 81 à 88; Bened. Lev., L, 40 (**449-452**).

Puis sont intercalés ici les deux fragments X et XI des interrogations de S. Augustin et des réponses de S. Grégoire, insérés dans les Fausses Décrétales (Hinschius, *Decretales Pseudo-Isidorianœ*, pp. 740-742) (**453-454**).

Après ces fragments viennent quelques extraits de Benoît le Diacre, à savoir :

Bened. Lev., I, 197-274, 315, 326, 378; II, 69, 144, 184; Additio II[a], 24 et 17; Bened. Lev., III, 436, 437 et 438 (**455-467**).

Puis on trouve les six chapitres suivants :

(**468**). Ut presbiteri episcopis subjecti sint et in quadragesimali tempore ministerii sui rationem reddant. Decrevimus, juxta sanctorum canones (*sic*), ut unusquisque presbiter in parrochiâ habitans..... non tardet.

(**469**). Ut quicumque sinodalem excommunicationem transgressor fuerit (*sic*) in alia synodo spem recuperationis non habeat. Si quis episcopus damnatus à synodo..... temptaverint[1].

(**470**). Ut cum excommunicatis sive cum his qui ecclesias deserunt nemo communicet. Cum excommunicatis non licere communicare..... congregatur[2].

(**471**). Non debere quemquam continentie causa filios negligere, ex concilio Gangrense. Si quis dereliquerit proprios filios..... anathema sit[3].

(**472**). De his qui avorsum faciunt vel natos suos occidunt, ex concilio Hilerdense. Hi vero qui male conceptos et ex adulterio factos..... tribuatur[4].

(**473**). De mulieribus fornicariis et avorsum vel contrà conceptum facientibus. ex concilio Bracarense. Si qua mulier fornicaverit et infantem..... agere pænitentiam judicamus[5].

Ensuite reprend une nouvelle série tirée des Capitulaires, à savoir :

Ansegise, I, 67, 79, 95; II, 5, 7, 8, 15, fin de 29 (depuis *remittit autem*), 39; III, 9, 10, 43 (**474-485**).

---

[1] 4e canon d'Antioche; version de Denys.
[2] 2e canon d'Antioche; version de Denys.
[3] 15e canon de Gangres; version de l'Hispana.
[4] 2e canon de Lérida.
[5] *Capitula* de Martin de Braga, c. 77.

Ansegise, III, 44 à 48, 52, 70, 90; IV, 9, 15, 27 (**486-495**).

Ansegise, IV, 34, 37, 38, 55, 56; Bened. Lev., 12, 53, 56, 96, 105 (**496-505**).

110, 114, 144, 191, 206, 279, 301, 306, 319, 322 (**506-515**).

379, 380, 381; Bened. Lev., II, 60, 64, 69, 99, 128, 144, 191 (**516-525**).

220, 276, 359, fragment de 370 (Quisquis ergo res suas..... dubitabimus) 402, 416, 418, 422, 435; Bened. Lev., III, 5 (**526-535**).

6, 8, 107, 112, 124, 144, 147, 148, 156, 158 (**536-545**).

169, 173, 198, 204, 206, 229, 233, 255, 279, 283 (**546-555**).

313, 330, 332, 333, 339, 341, 345, 356, 364, 365 (**556-565**).

367, 395, 410, 451, 454, 456, 468, 576 (**566-572** *bis*).

(**573**). Concil. Aurelian. XVIIII. De his quæ in domibus propriis velatæ fuerint. Quæ in domibus propriis tam puellæ quam viduæ commutatis vestibus..... revocentur [1].

(**574**). De concilio undè supra et de vi sanctemonialium et penitentia eorum. De raptoribus virginum consecratarum seu in proposito sub devotione viventium id statuimus.....; de forma et de penitentibus ac viduis in proposito manentibus..... pacem ecclesiæ non habet [2].

(**575**). De clericis, ex libro officiorum. Cleros autem vel clericos hinc appellatos doctoris nostri dicunt qua Mathias sorte..... ego hæreditas eorum [3].

(**576**). (Numéro omis dans le manuscrit).

(**577**). De generibus clericorum. Duo sunt genera clericorum .... biformis [4].

(**578** [5]). Quod non liceat episcopum in aliâ provincia clericos ordinare. Episcopum non audere extra terminos proprios ordinationes facere..... sunt ordinati.

---

[1] Cf. *Herovalliana*, dans le *Theodori Pænitentiale* (édit. Petit), I, p. 224 (*Canon Aurelianensis*).

[2] Texte altéré du c. 19 du III° concile d'Orléans (Hispana) Maassen, *Concilia ævi Merovingici*, p. 79.

[3] Cf. Isidore de Séville, *de Officiis*, II, 1.

[4] Cf. Isidore, *ibid.*, II, 3.

[5] Semble être une version du c. 13 d'Antioche : point celle de l'*Hispana*, ni celle de Denys. Se trouve dans la collection du manuscrit de Troyes, 1406, avec cette *inscriptio* : Ex concilio Romano, cap. XXXVI.

(579). Ut tantum curam æcclesiasticarum rerum episcopus habeat. Omnium negotiorum æcclesiasticorum curam..... depredentur[1].

(580). Hoc statuta ecclesiæ antiquæ (*sic*) qualiter presbiter esse debet ordinandus. Si natura prudens est, si docibilis..... et postea ministrent[2].

(581). Unde supra. Ut episcopus absque consilio clericorum suorum clericos non ordinet nec sine testimonio civium.

(582). De concilio Ancirano, de his qui contrà naturam peccant. Si inventi fuerint inter vos qui cum quadrupedibus, aut cum consanguineis..... vel abscidere[3].

(583). Ne in IIII^a aut V^a aut VI^a conjugium copuletur. Contradicimus quoque ut in IV^a vel quinta sextaque generatione..... separetur[4].

(584). Item, unde supra. Progeniem suam unumquemque..... societatem[5].

(585). Ex concilio Carnaconensis (*sic*), ut nullus episcopus aut presbiter pro judiciis munera accipiat. Observandum quoque decrevimus ne quis sacerdotum vel clericorum more secularium judicum audeat accipere pro impensis et patrociniis munera nisi forte in æcclesia oblata gratuito, quae non favore muneris videantur accepta sed latione devotionis illata, quia si quis (*pour* qui) ista probantur accipere, veluti sicut (*sic*) exactores fenoris aut usurarum possessores secundum statuta patrum se noverint degradandos[6].

(586). De regula clericorum. In doctrina namque sua abba (*sic*) apostolicam debet illam semper formam servare, in qua dicit : Argue, obsecra.... (Devoirs de l'abbé à l'égard des moines, châtiments qu'il inflige)..... ut ceteri metum habeant[7].

---

[1] Canons des Apotres, c.39.

[2] 580 et 581 diffèrent du texte connu des *Statuta Ecclesiæ antiqua*. Cf. c. 1 et c. 22 des *Statuta*.

[3] Ansegise, I, 48 ; Bened. Lev., I, 82.

[4] Bened. Lev., I, 165.

[5] Bened. Lev., II, 80.

[6] C. de Tarragone, 10.

[7] Ce chapitre est fait de fragments de la règle de S. Benoit : In doctrina..... à morte (tiré du c. 2) ; In omnibus..... discipline subjaceat (tiré du c. 3) ; Si frequenter..... verberum vindicte in eum procedant (tiré du c. 28) ; Similiter et qui..... sine jussione abbatis facere, vindicte regulari subjaceat (tiré du c. 67) ; Peccantes autem coram omnibus arguantur, ut ceteri metum habeant (tiré du c. 70). Cf. *Patrologia Latina*, LXV, *passim*.

Ici s'arrête la collection. Sur les 586 chapitres qui la composent, 568 au moins sont tirés des recueils d'Ansegise et d'Isidore. L'auteur de notre collection a voulu extraire de l'ensemble des capitulaires les dispositions qui lui paraissaient intéressantes; elles se sont trouvées nombreuses. Il semble d'ailleurs qu'il ait accompli sa tâche en plusieurs parties. Il a sans doute fait, en suivant l'ordre d'Ansegise et de Benoît, un premier extrait qui s'arrête au c. 452. Il a alors ajouté quelques chapitres appartenant aux capitulaires ou à d'autres sources (454-473). Puis il a recommencé son travail pour recueillir des fragments qu'il regrettait de n'avoir pas insérés; il a compulsé de nouveau l'ensemble des collections d'Ansegise et de Benoît (474-572). A la fin de cette série, il a encore ajouté quelques fragments épars, puisés à des sources variées (584-589).

On trouve dans la collection de Montpellier des traces, malheureusement incomplètes, d'une division en livres. Les chap. 1-43, tous empruntés au premier livre d'Ansegise, forment le livre Ier; les chapitres 44-49, tirés du second livre d'Ansegise, constituent le livre II. Le livre III est formé des chapitres 50-52, empruntés au troisième livre d'Ansegise. A ce compte, on devrait retrouver un livre répondant au quatrième livre d'Ansegise, trois livres répondant aux trois livres de Benoît, et peut-être trois autres livres pour les trois *additions* de Benoît. Ajoutez-y une nouvelle série de livres répondant à la seconde série d'extraits qui commence au c. 474. Mais si une telle division a été projetée, elle n'a point été réalisée. Je constate seulement, après le chap. 426, c'est-à-dire peu avant la fin des extraits du deuxième livre de Benoît, la fin d'un livre IV et le commencement d'un livre V. Le livre IV comprend donc la première série des fragments tirés du IVe livre d'Ansegise et des livres I et II de Benoît. Quant au livre V, on ne saurait dire où il s'arrête : tout ce que l'on trouve ensuite, c'est, après le c. 478 (dernier de la première série du IIIe livre de Benoît), la mention énigmatique, provenant sans doute d'une étourderie ou d'une confusion, *Explicit liber VIII^{us}, incipit liber VIIII^{us}*.

En tête des trois premiers livres se trouve la table des sommaires des chapitres appartenant respectivement à chacun de ces livres. En tête du livre IV se trouvent les sommaires de tous les autres chapitres jusqu'à la fin de la collection. Ces sommaires sont en général empruntés aux recueils originaux; ils ne sont pas répétés dans le corps de la collection.

Il est fort difficile de deviner la pensée qui a guidé le compilateur dans le choix des fragments qu'il a admis dans sa collection. On ne saurait dire, ainsi que cela a été affirmé, que les textes insérés se réfèrent surtout à l'état monastique. Il suffit de se reporter aux chapitres qui composent la collection pour se convaincre que le compilateur n'a pas exclusivement poursuivi cet objet. Un point est certain : notre auteur s'attache surtout à recueillir les dispositions qui présentent un intérêt religieux ; on peut s'en assurer en parcourant les extraits qu'il a faits de la collection d'Ansegise. Mais, d'une part, il s'en faut qu'il ait admis dans son œuvre tous les extraits offrant ce caractère qui figurent dans les livres d'Ansegise et de Benoît ; d'autre part, il en a recueilli qui ne se rattachent pas à l'ordre religieux, comme il est facile de s'en convaincre en jetant les yeux, par exemple, sur les extraits tirés du second livre d'Ansegise.

Les quelques fragments étrangers aux recueils de capitulaires proviennent de sources variées : on y trouve des textes de la *Dionysiana*, de l'*Hispana*, deux fragments des *Responsiones* de S. Grégoire à S. Augustin, et quelques textes d'origine incertaine. En tout cas, aucun de ces fragments ne paraît être d'une époque plus récente que la collection des faux Capitulaires ; aucun n'introduit un élément nouveau dans la question de savoir à quelle date remonte notre collection. Elle est postérieure au milieu du IXe siècle, date de l'apparition des faux Capitulaires, et remonte au plus tard au XIe siècle, époque où elle a été transcrite dans notre manuscrit.

56. — Fol, 229, v° : Incipit de matrimonio. Ce sont les neuf premiers chapitres de la petite collection *de matrimonio*, qui est, avec quelques différences, le titre XLVI (*de ratione matrimonii*) de la collection irlandaise[1]. Voir cette petite collection, éditée par Kunstmann, dans l'*Archiv für kathol. Kirchenrecht*, t. VI.

Voici les quelques variantes de notre manuscrit : c. 1. Il est intitulé *ratio*, et non *ratio matrimonii*; c. 8, *Synodus Ebernensia*, pour *Synodus Hibernensium*, au cours de ce chapitre : Item à partu post XXXIII dies si filius ; si autem filia post LVI (*sic* pour LXVI).

57. — Fol. 230, v°. Incipit de utilitate penitentiæ. Prologue et

---

[1] Cf. Wasserschleben, *die irische Canonensammlung* (Leipzig, 1885). Ce fait est une preuve nouvelle de ce fait que le titre *de ratione matrimonii* a circulé isolément.

texte de la collection dite *Dacheriana,* divisée en trois livres. Le premier se compose de 122 chapitres, comme dans l'édition imprimée; le second, de 120, au lieu de 112 que comprend l'édition[1]; le troisième, de 158, comme dans l'édition,

Dans ses études sur la compilation du faux Isidore[2], M. Maassen a présenté quelques observations sur la comparaison du texte imprimé par d'Achery (*Spicilegium,* éd. in-fol., I, pp. 509 et ss.) et du texte donné par les manuscrits de la *Dacheriana.* J'ai examiné, sur les points particulièrement signalés par M. Maassen, le texte de notre manuscrit : voici les constatations qui résultent de cette vérification.

Des dix-sept fragments étudiés par M. Maassen, où se manifestent des différences entre le texte de l'édition donnée par d'Achery et le texte de quatre manuscrits de la collection dite *Dacheriana,* il n'y en a que deux où notre manuscrit soit conforme à l'édition et différent des manuscrits. Ce sont les c. I, 31 (Elvire 22) et I, 76 (Elvire 9). Dans les autres cas, le texte du manuscrit de Montpellier est en général conforme à celui des manuscrits, et différent de celui de l'édition. Je me borne à signaler les quelques variantes que j'ai reconnues.

---

[1] Cette différence dans le nombre des chapitres s'explique par deux causes. D'abord le manuscrit de Montpellier compte comme des chapitres distincts les quatre paragraphes compris dans le c. 112 de l'édition. Ensuite il y a dans le second livre de l'édition une lacune qui existait dans le manuscrit dont s'est servi d'Achery : le savant bénédictin l'a bien vue, comme le prouve une note insérée dans le *Spicilegium,* édit. in-fol., t. I, p. 543. Après le c. 89 de l'édition, on trouve dans le manuscrit :

90. Ut episcopus exiguum aliquid sine clericorum consensu et jam conhibentia distrahat ; ex conc. Agatensi, c. XLV. Terrulas aut vineas.. potestatem.

91. Ut servis ecclesiæ fugitivos liceat vendere episcopo ; ex concilio quo supra, cap. LI. Fugitivos etiam... distrahantur.

92. De episcopis qui per testamentum de rebus ecclesiæ aliquid contulerint ; ex concilio quo supra, cap. LI (sic). Si episcopus condito testamento... suppleverit.

93. De venditionibus quas abbates facere presumunt ; ex concilio quo supra, cap. LVI. Venditionum quas abbates... qui libertos faciunt.

94. De libertis ex familia æcclesiae factis ; ex concilio Toletano cf. LXVII. Si qui nulla ex rebus... absolvit.

Il faut remarquer que le c. 89 de l'édition se termine par la fin du c. 94, depuis nam (pour hanc) sententiam metuant.

[2] *Pseudoisidor-Studien,* I, pp. 31 et ss.

1º I, 92 (Agde 61) : Si quis consobrinam sobrinive se sociaverit.....
Ce texte, à part les fautes contre la grammaire, reproduit le texte
du ms. de Paris, Bibl. nat. Latin 2341, et celui de l'*Hispana* pure :
Si quis consobrinæ sobrinæve se societ. Le texte est plus ou moins
défiguré dans les autres manuscrits, et aussi dans l'*Hispana Gallica*
du ms. de Vienne, 411, dans celle du ms. d'Autun (Vatic., 1341),
et dans l'édition de d'Achery.

2º L. II, c. 51 (IV, Tolède, c. 58)..... Si a gradu suo injuste dejectus in secundum synodum innocens reperiatur, non potest esse quod fuerat nisi gradus amissos recipiant. Quod si episcopus fuerit, recipiat coram altare de manu episcoporum orarium, anulum et baculum..... Se rapproche beaucoup du texte de l'*Hispana* (Gonzalez) et des manuscrits Paris, Latin, 3879, et Vienne, 2231. Diffère des autres textes, notamment de celui de l'édition.

3º L. II, c. 73 (VII, Tolède, c. 4). Texte des quatre manuscrits, avec cette variante : qua *constitutione* synodalium au lieu de *constitutionum*.

4º L. III, c. 111 (Horsmidas aux évêques d'Espagne). Texte des manuscrits, avec cette variante : *nulla interpretationum semina* au lieu de *nulla intentionum semina*.

Ces variantes, sauf celles du concile d'Agde, 61, ne sont pas bien importantes. En fait, elles laissent subsister cette proposition que les textes de notre manuscrit sont en général conformes à ceux des autres manuscrits et non à ceux de l'édition donnée par d'Achery. Cela tient à ce que le texte publié par d'Achery, comme l'a démontré M. Maassen, porte la trace de remaniements opérés d'après une recension particulière et altérée de l'*Hispana*, celle qui est connue sous le nom d'*Hispana* d'Autun et qui a servi au faux Isidore.

58. — Fol. 269. Capitula in sinodo acta quæ apud Meldensem urbem divino nutu habita est anno Incarnationis Dominicæ DCCCXLV, XV kal. Julio, Indictione VIIIIª. Ce sont des canons du concile de Meaux. Le présent manuscrit a été cité par Boretius, *Capitularia*, II, p. 389, qui en indique le contenu :

C. 1 du ms.	=	c. 63 de Boretius.
. . . .		
C. 22	=	c. 38 et 10.
C. 23	=	c. 22.
C. 24	=	c. 43.
C. 25	=	c. 62.

59. — Fol. 272, v°. Ici commence une collection canonique qui comprend 342 chapitres. Elle s'ouvre par un *index* contenant les sommaires et les *inscriptiones*, qui ensuite ne sont pas répétés dans le cours de la collection; chaque chapitre y est simplement précédé d'un numéro.

Voici les conclusions qui résultent de l'examen de ce recueil :

La collection en 342 titres est un extrait de l'*Hispana* systématique en dix livres. Ainsi seulement s'expliquent les particularités suivantes :

Les cinq premiers chapitres sont empruntés au douzième concile de Tolède : c'est qu'en effet le douzième concile de Tolède, de l'année 681, est placé en tête de l'*Hispana* systématique [1].

A partir du c. 6 jusqu'au c. 136, on reconnaît une suite d'extraits de l'*Hispana* systématique. Ces extraits sont empruntés aux dix livres de la collection ; ils conservent l'ordre des livres et même, le plus souvent, l'ordre des chapitres. Ainsi les c. 6 à 44 sont tirés du livre I. Puis viennent successivement des fragments tirés des livres II, III, et des autres livres, jusqu'aux fragments 135 et 136, qui sont extraits du X° livre (IV, 10 et 12).

Il semble que cette série d'extraits ait formé une première collection, à laquelle ont été ajoutés deux fragments étrangers, qui portent les n°s 137 et 138, à savoir :

137 : Ex Concilio Romano edito à sancto Silvestro de testimonio presbiterorum vel ceterorum clericorum. Presbiter autem nisi in XLIIII testimonio condempnabitur ; diaconus cardine (*sic*) constitutus urbis Rome..... (Cf. Hinschius, *Decretales pseudo-Isidorianæ*, p. 449.) Aux variantes qui résulteront de la comparaison des textes, ajouter que notre texte ne mentionne pas l'*hostiarius* et que la fin du texte est très différente de celle du même fragment dans l'édition du faux Isidore :.... lector nisi, sicut scriptum est, duobus vel tribus testibus ; sic datur mistica veritas in testimonio.

Testimonium clerici..... examinet nisi in ecclesia (Cf. Hinschius, *ibid.*).

138 : Ex concilio quo suprà. De eo qui occidit hominem qualiter

---

[1] Cf. Maassen, *Geschichte der Quellen des canonischen Rechts*, t. I, § 854, p. 817.

veniam promereri oportet. Qui occiderit hominem juxta canonicam pæniteat sanctionem..... ditioni subsistit.

A partir du c. 139 jusqu'au c. 325, se présente une nouvelle série d'extraits de l'*Hispana* systématique. Il semble que le collecteur, mécontent de son premier travail, ait voulu le recommencer pour recueillir des fragments qu'il regrettait d'avoir négligés, C'est presque exclusivement aux cinq premiers livres qu'il s'est adressé. L'ordre général de ces cinq livres est conservé. Bien plus, dans cette partie de la collection il est arrivé plus d'une fois que le compilateur a reproduit en tête d'un chapitre, non seulement le sommaire propre de ce chapitre, mais la rubrique du titre auquel il appartient dans l'*Hispana* systématique. Ce n'est pas une habitude régulière de notre auteur ; mais le fait est assez fréquent. En voici des exemples :

C. 161 : Titulo de castimonia totius ordinis clericorum (*Hispana systématique*, I, 54). Ex concilio Tarracon. Ne etiam ad proximas sanguinis clerici cum testimonio vadant.

C. 182 : Titulo de custodia sacrarum virginum (*H. S.*, I, 3). Ex concilio Cartaginis tercio, cap. XXXIII, qualiter sanctæ virgines episcopi vel presbiteri jussa custodierint.

C. 219 : Titulo de collationibus pauperum (*H. S.*, III, 24). De his que in usus pauperum conferuntur, ne extra ecclesiam dentur (Gangres, c. 8). Si quis dederit..... anathema sit.

C. 302 : Titulus XXXIII. De baptizatis et non confirmatis atque ita mortuis (*H. S.*, I, 33). Ex concilio Heliberitano, cap. LXXVII. De baptizatis qui nondum confirmati moriuntur.

On pourrait multiplier ces exemples, qui font toucher du doigt les emprunts à l'*Hispana* systématique.

Les c. 326 à 342 paraissent être des additions. On y trouve encore quelques chapitres épars et isolés empruntés à l'*Hispana* systématique, et en outre, à la fin, quelques extraits qui sont tous de la *Dionysiana* ou de l'*Herovalliana*. On pourra s'en rendre compte par l'indication de ces chapitres qui sera donnée plus loin.

Les sommaires des chapitres sont très généralement empruntés à l'*Hispana* systématique. L'indication des sources accompagne en général le sommaire ; j'ai constaté qu'elle est parfois erronée[1]. Quant aux

---

[1] On en verra plus loin des exemples pour les chap. 10 et 14 (pp. 361 et 362). Je puis ajouter que le chap. 44, attribué à un concile de Braga, est en réalité le c. 44 du IVe concile de Carthage.

textes, qui sont ceux de l'*Hispana*, je me borne à faire remarquer que sur certains points, non sur tous, notre collection est d'accord avec la leçon du ms. de Vienne, 411 (*Hispana Gallica*)[1]. Sur d'autres, plus nombreux, elle reproduit l'*Hispana* pure[2]. Parfois elle présente un texte différent de l'une et de l'autre[3]. Je crois devoir donner ces indications, mais je n'ose les formuler sans réserves, les comparaisons que j'ai pu faire avec les textes de l'*Hispana Gallica* ne portant que sur un très petit nombre de chapitres.

Ici encore je ne me sens pas en état d'indiquer l'idée générale qui a déterminé le choix des matériaux introduits dans notre collection. Les procédés de composition me semblent fort analogues à ceux qui ont servi à l'auteur de la collection de capitulaires analysée plus haut : ici comme là on trouve deux séries d'extraits de l'ouvrage servant de source ; ici comme là ces séries sont séparées par quelques fragments étrangers, et d'autres fragments étrangers terminent les deux collections. Il est donc permis de penser que ces deux collections doivent leur existence au même auteur, sans doute originaire du pays Franc[4].

Afin de permettre d'identifier la collection que je viens de décrire, je crois indispensable de donner l'indication des premiers et des derniers chapitres :

---

[1] Exemple : le c. 78, fragment de la lettre de S. Innocent Ier à Victricius de Rouen, sur les causes des clercs, se présente avec les trois variantes caractéristiques de l'*Hispana Gallica*; cf. Maassen, *Pseudoisidor-Studien*, I, p. 24.

[2] C'est le cas des c. 294 (Orange 18), 58 (Vaison, 2), 71 (Agde, 32); cf. Maassen, *op. cit.*, pp. 9, 10, 18.

[3] Exemple : 108 (Orange, 20) : Notre manuscrit donne : Ut caticumini cum fidelibus benedictionem accipiant etiam in domesticas rationes, in quantum... (Cf. Maassen, *op. cit.*, p. 10). Je dois ajouter que parfois notre manuscrit donne un texte très corrompu. C'est à peine si, au c. 153, on reconnaîtra le c. 6 de Nicée, version de l'*Hispana*, sous le travestissement suivant, où le sommaire est aggluliné au texte : Primatibus episcoporum metropolitanorum mos antiquus perduret in Egypto, etc... quoniam metropolitano episcopo... (lecture corrompue pour quoniam quidem et Romano)... s'arrête à servetur ecclesiæ. Même observation pour le c. 154 qui n'est autre chose que le c. 7 de Nicée, dans la version de l'*Hispana* fortement corrompue : Quoniam mos antiquus obtinuit ut vetus traditio Heliæ, id est Jerusolomitanorum episcopo deferatur, habet consequenter honorem manentem, tamen in civitatis metropolitanae propria dignitate.

[4] Cela semble résulter de l'usage fait des Capitulaires et de l'*Herovalliana*.

1. In nomine Domini acta synodalia apud Urbem Regiam celebrata sub die Vᵃ Iduum Januar. anno primo ortodoxi..... Ervigii.... probitatis. Explicit datum sub die Vᵃ idus Januar. anno feliciter I regni Serenitatis nostre in Dei nomine tranquillitatis nostræ sedis Toleto. Item subscriptio predicti principis manu sua exarata. Cap. I. De agnita et conformata prelectione fastigii principalis. Prima die synodali..... proclamamus. Credimus in unum Deum omnipotentem factorem cœli et terræ. Ut supra sicut in nostro continetur sacramentario (Début du XIIᵉ concile de Tolède ; *Hispana*, Migne, *Patrologia Latina*, LXXXIV, c. 470).

Suit l'index des chapitres 2 à 342.

Viennent ensuite les chapitres sans sommaire ni attribution. Pour plus de clarté j'unis à l'indication des *incipit* et des *desinit* celle des sommaires que je puise dans l'index.

2. De culpatorum receptione vel communione ad Ecclesiam. Vidimus..... extraneum (Même concile, c. 3).

3. De quorumdam consuetudine sacerdotum fedissima qui oblato Deo sacrificio non communicant. Relatum nobis..... prebeat (*Ibid.*, c. 5).

4. De recepto testimonio personarum..... Omnis..... convicerint (*Ibid.*, c. 7).

5. Ex concilio Neocesariensis. De presbiteris corporali peccato preoccupatis. Qui admiserint..... commitenda (Neocesarée, 9, dans l'*Hispana*).

6. Ex concilio Bracharense, de viduis clericorum. Si qua vidua episcopi..... subveniant (c. de Martin de Braga, 29)[1].

7. Ex epistola Innocentii ad Victoricium, ut laicus qui viduam duxerit clericus non fiat. Ut is qui mulierem..... relaxatur (S. Innocent à Victricius de Rouen, c. 5)[2].

8. Ex concilio Carthaginensi. De eo qui viduam duxerit aut repudiatam uxorem habuerit vel secundam. Simili sententiæ..... vel secundam (IV Carthage, 69)[3].

9. Ex epistola Siricii ad Eumerium de clericis qui viduam aut secundam conjugem duxerint ut omni priventur dignitate. Quisquis sanè clericus..... admittat (Sirice à Eumère de Tarragone, c. 11)[4].

10. Ex consilio Heliberitano. Ex penitentibus ordinatus clericus

---

[1] *Hispana systématique* : I, 6, 2.
[2] H. S.; I, 1, 13.
[3] H. S.; I, 1, 9.
[4] H. S ; I, 1, 20.

deponatur. Ex penitentibus..... privetur. (Fausse attribution; en réalité, IV Carthage, c. 68)[1].

11. Ex concilio Tarraconense. Ut clerici si solidos prestiterint, sine usura recipiant. Si quis vero clericus solidum..... recipiat. (Tarragone, 3)[2].

12. Ex concilio Toletano primo. Ut cujuslibet ordinis clericus, si tardius ad ecclesiam venerit, deponatur. Ut presbiter vel diaconus..... promereri. (I, Tolède, 5)[3].

13. Ex concilio Cesaraugusto. De clericis qui propter vanitatis licentiam monachi esse volunt. Clerici qui propter..... ità flat. (Sarragosse, 6)[4].

14. Ex concilio Agathense. De qualitate tonsuræ à cunctis clericis habenda. Omnes clerici vel lectores sicut levitæ..... reus erit. (En réalité, IV Tolède, 41)[5].

15. Ex concilio Bracharensi. De tondenda coma clericorum et habitu ordinato. Non oportet clericos comam..... ordinato. (Martin de Braga. 66)[6].

. . . .

---

[1] *Hispana* systématique : I, 1, 30.
[2] H. S.; I, 13, 54.
[3] H. S.; 1, 13, 14.
[4] Variante de l'édition : Si quis clericus propter...
[5] H. S.; I, 13, 3.
[6] H. S.; I, 13, 4. — Je suis contraint de m'arrêter ici, pour ne point prolonger outre mesure cette notice. Voici cependant l'indication, par leur côte dans l'*Hispana* systématique, de quelques-uns des chapitres suivants :

16 = I, 13, 39	31 = I, 52, 3
17 = — 35	32 = I, 53, 8
18 = — 40	33 = I, 54, 8
19 = — 8	34 = I, 54, 7
20 = — 11	35 = I, 55, 5
21 = I, 19, 4	36 = I, 56, 11
22 = I, 20, 5	37 = I, 57, 1
23 = I, 23, 4	38 = I, 58, 7
24 = I, 23, 3	39 = I, 60, 20
25 = I, 23, 8	40 = I, 58, 21
26 = I, 24, 3	41 = I, 60, 17
27 = I, 24, 8	42 = I, 60, 24
28 = I, 27, 20	43 = I, 60, 8
29 = I, 27, 18	44 = I, 60, 7
30 = I, 48, 18	45 = II, 1, 1, etc.

Au chap. 45 commencent les extraits du second livre.

Voici maintenant l'indication d'un certain nombre d'indications relatives à la dernière partie de la collection[1] :

Les chap. 320-324 sont, sauf un, ceux du livre V, tit. 5, de l'*Hispana* systématique. En tête du c. 320 se lit la rubrique du titre : *De duplicatis et frequentatis conjugiis.* Puis les chapitres dans l'ordre suivant : 5, 3, 1, 4. Entre le c. 5 et le c. 2 se trouve inséré le c. 3 de Neocesarée, qui n'est pas indiqué dans la table de l'*Hispana* systématique[2].

325. Ex concilio Toletano, cap. VII. Quæ debeat discretio ecclesiarum rectoribus esse ne per inconditam disciplinam subeant homicidii notam..... Relatum nobis est quod quibusdam ex fratribus plus livore odii..... erubescant (XI, Tolède, c. 7).

326. Titulus de libertis ex familia ecclesiarum (II. S., III, 39). Ex concilio Toletano, cap. XXVII. De libertis ex familia..... improbitas solvit (IV, Tolède, 66)[3].

327. Ex concilio Toletano, cap. VIII : De languoris eventu ministrantium clericorum. De languoris..... sustinebit. (VII, Tolède, c. 4).

Puis, sous le n° 328, le canon de l'*Hispana* systématique, II, 12, 6 ; sous les numéros 329 et 330, la répétition des chap. 23 et 24, indiqués ci-dessus ; sous le n° 331, le 17ᵉ canon des Apôtres (qui ne se trouve pas dans l'*Hispana* systématique) ; sous le n° 332, un canon de l'*Hispana* systématique, I, 12, 1.

Viennent ensuite cinq canons d'Ancyre, d'après la version de Denys le Petit, par conséquent étrangers à l'*Hispana*. Ce sont les canons 21 à 26 de Denys, qui portent ici les numéros 333 à 337. Puis, sous le n° 338, un canon d'Antioche dans la version de Denys (c. 101 de Denys).

339. In decretis papæ Leonis. Captivis (*sic*) terrore aut fame non veneratione cibos immolaticios edere compulsi sunt penitentia est concedenda. De his autem christianis..... sit sumptus. (Lettre de S. Léon à Nicolas d'Aquilée, c. 5).

Les trois derniers chapitres de notre collection proviennent probablement de la collection *Herovalliana* ou d'une collection analogue ; car ils se retrouvent, les uns à la suite des autres, dans l'*Herovalliana*. En voici l'indication :

---

[1] Je commence cette série d'extraits au point où vont se présenter les éléments étrangers à l'*Hispana* systématique qui caractérisent la fin de la collection.

[2] H. S.; III, 39, 1.

[3] H. S.;

340. C. Epaonense, cap. XXXV. Ut nullus clericus ad feminas in monasteriis accessum habeat. Monasteria puellarum..... admittere : (Cf. le texte de l'*Herovalliana* dans Petit, *Theodori pœnitentiale*, I, p. 232).

341. Ex c. Matiscense, cap. I; undè suprà. Ut nullus episcopus..... nec permittant. (*Ibid.*, p. 223).

342. Conc. undè supra, cap. XII. Si qui cum puella benedicta se sociaverint, qualiter corrigi debeant. Decrevimus ut si qua puella voluntarie..... non negetur. (*Ibid.*, p. 223).

Ici finit la collection en 342 chapitres,

60. — Fol. 306 : In nomine Domini Nostri Jhesu Christi incipit ordo conciliorum.

Temporibus Constantini ceperunt. In precedentibus namque annis.... multorum in unum. (Préface de l'*Hispana*)[1].

Explicit præfatio. Incipiunt concilia Greciæ. Sinodus Cartaginis Affricæ prima. II, Secunda synodus Cartaginis Affricæ. III, Synodus Cartaginis Affricæ tertia XCVII episcoporum[2]. (Table des conciles d'Afrique, des Gaules, d'Espagne)..... XXXIII. Synodus Spalensis II^a, VIII episcoporum. XXXIIII. Sententiæ quæ in veteribus exemplaribus conciliorum non habentur, sed à quibusdam in scipsis inserta sunt. XXXV. Decreta quorumdam presulum Romanorum, ad fidei regulam et disciplinam æcclesiasticam constituta. XXXVI. Synodus Toletana quinta XLVIII episcoporum. (Dans le corps de la table sont indiqués seulement les quatre premiers conciles de Tolède).

61. — Fol. 307. Incipiunt capitula ex conciliis tam latinorum, grecorum quam diversorum patrum.

Suit une collection en 114 chapitres, précédée d'une table qui commence et finit comme suit :

1. Si episcopus absque tempore synodi in crimine detentus fuerit, à XII episcopis audiatur.

114. Ex conc. Toletano, cap. VIII. De dampnatione filiorum qui ex sacerdotibus vel eorum ministris geniti comprobantur.

---

[1] La préface ci-dessus mentionnée précède l'*Hispana* dans les documents où elle se présente sous la forme dite *Gallica*.

[2] Voir le texte avec commentaires dans Maassen, *Geschichte der Quellen des canonischen Rechts*, § 714, pp. 678 et ss. Ce qu'il y a de remarquable, c'est que la mention des conciles grecs manque dans la table de notre manuscrit.

Suivent les canons :

II Carthage, 2; IV Carthage, 21, 22, 23, 24, 36, 41, 43, 48, 49 (**1-10**).

IV Carthage, 50, 56, 57, 58, 59, 82, 83, 84, 86, 89 (**11-20**).

IV Carthage, 94, 101, 103, 104 (**21-24**). A la table, après l'index relatif à ce c. 104 (24ᵉ de la collection), on trouve : Hæc superiora capitula ex concilio Cartaginensi quarto habito Affricæ ab episcopis CCXIIII.

Viennent ensuite, dans l'ordre de l'*Hispana*, les extraits des autres conciles :

Sardique, 17; Nicée, 1, 2, 9, 10, 11, 12, 13, 16[1]; II Arles, 10 et 11 unis (**25-34**).

II Arles, 21, 23; Valence, 3 et 4 unis; Orange, 6 et 13 (**35-39**).

Agde, 3, 4, 18, 20, 25, 34, 40, 42, 49, 50, 55, 60, 62, 64, 66, 69 (**40-55**).

Orléans, 1, 2. 3, 5, 6, 8; Elvire, 1, 5 (**56-63**).

On trouve ensuite un blanc, qui, d'après la table, devait contenir les canons d'Elvire : 6, 7, 8. 9, 20 (**64-68**).

Puis : Elvire, 21, 22, 29, 32, 44, 46, 57, 63, 64, 65, 66, 68, 71, 72, 75, 76, 77, 79 (**69-86**).

Tarragone, 2, 3. 7, 8. 9; Gironne, 5, 8 (**87-93**).

Lerida, 1, 2, 4, 5, 6, 8, 14 (**94-100**).

I Tolède, 3, 5, 6, 7, 19; II Tolède, 3 (**101-106**).

Gangres, 15; *capitula* de Martin de Braga, 77 (**107-108**).

Puis, sous le n° CXXXIII, le c. 17 de Sardique (**109**).

Vient ensuite un titre en caractères rouges : Quædam exempla de canonibus Apostolorum.

Suivent le c. 25 des canons des Apôtres, commençant par *Ut* au lieu de *Quod*, et le c. 21 (**110-111**).

Puis : De periculo judicantium et providentia eorum, CCCCLXIII. Majus periculum est judicantis quam ejus qui judicat. Undè unicuique providendum est ne aliquem injuste judicet aut puniat (**112**).

Après ce fragment on trouve :

---

[1] Si qui facile se periculis ingerunt, neque timorem Dei... pertinaces autem excommunicari oportet (texte qui se rapproche de celui qui est cité dans le vıᵉ concile de Carthage : Hinschius, p. 314). D'ailleurs ces canons de Nicée sont, en règle générale, donnés d'après le texte placé dans l'*Hispana* à la suite des actes d vıᵉ concile de Carthage.

Nicée, 1 (version de l'*Hispana*) (**113**).
Et IX Tolède, c. 10 (**114**).

Telle est la composition de cette collection en 114 chapitres. Les textes en sont empruntés, pour la très grande majorité, à l'*Hispana*, non plus systématique, mais chronologique. L'ordre général a été modifié pour placer en tête les canons de Carthage; puis c'est le plan de l'*Hispana* qui est suivi. A la fin se trouvent quelques éléments étrangers à l'*Hispana* pure, tels que les deux chapitres des canons des Apôtres, et aussi des fragments épars de l'*Hispana*.

Cette collection paraît être, non un complément de la précédente, mais un recueil distinct et autonome. Les sources sont différentes, et d'ailleurs, à plusieurs reprises, on peut constater que le même fragment se retrouve dans les deux collections [1].

62. — Fol. 314. D'une écriture un peu différente : la lettre 13 de Fulbert de Chartres (Migne, *Patrologia Latina*, CXLI, c. 207).

Puis : In Toletano concilio : De eo qui post honorem acceptum per pecuniam ordinatus fuisse detegitur. Illos quos post..... restaurandi sunt.

Et ensuite un blanc jusqu'au bas du fol. 314, v°.

Fol. 315-316 : Série non numérotée de canons tirés de l'*Hispana* : IV Tolède, 48, 49, 50; Agde, 27 et 56; Orléans, 15, 16, 18, 19; II Séville, 10; Sirice à Eumère, 13; IV Carthage, 15; Chalcédoine, 6.

Sous ce titre : *Concilia Orientalium patrum*, c. 25, les c. 24, 25 et 27 des *capitula* de Martin de Braga.

Tarragone, 11; III Tolède, 3 et 4; I Arles, 21.

Fol. 316, v° : D'une écriture différente, série de lettres de Fulbert de Chartres, portant dans l'édition (*Patrologia Latina*, CXLI) les numéros suivants : 74, 55, 22, 56, 4, 87, 106, 58, 75, 11, 12, 84 [2], 10, 95, 91, 16, 98, 18, 14, 17, 6 et 23.

Ici (fol. 320) finit le manuscrit.

---

[1] Ainsi le c. 34 d'Agde est dans la première collection sous le n° 134 et dans la seconde sous le n° 45. Le c. 68 d'Elvire est dans la première collection sous le n° 114 et dans la seconde sous le n° 80.

[2] Entre la lettre 84 et la lettre 10 se trouve le début de la lettre 13 : De presbitero vestro ab alio episcopo per pecuniam ordinato. Ce texte s'arrête brusquement : le scribe s'est sans doute rappelé qu'il avait transcrit cette lettre plus haut, au fol. 314.

En résumé, sauf les lettres de Fulbert de Chartres, tous les documents compris dans le second manuscrit (manuscrit B) sont antérieurs au xi° siècle, époque à laquelle ce manuscrit a été transcrit. Il est à remarquer que la collection de Burchard de Worms, si répandue au xi° siècle, n'a exercé aucune influence sur l'auteur de notre recueil. Il n'est pas inutile non plus de mentionner que le groupe des apocryphes isidoriens n'est ici représenté que par les faux Capitulaires ; la collection des fausses Décrétales n'a pas été mise à contribution.

ñ coinquinauer̃t uirginesetñ pmanser̃t hi sunt qui secunt̃ agnũ quocũq; uadit. Quotiescũq; renãascis delectat ambitio · quotiens in mundo aliquid uideris gloriosum. Ad paradis summitate transgredere. et incipe qd futur̃ ē. & audies a spõso, pone me sicut sigillũ in corde tuo. Et operi parte acontemuncta clamabis Aquæ multæ nõ potuer̃t extinguere caritatem & flumina nõ operient eam. *sicut signaculũ in brachio tuo*

FINIT AD EUSTOCHIUM DE UIRGINITATE SERUANDA

INCIPIT FIDES UEL DOGMA ECLESIASTICUM

Credimus unum dm̃ · ẽ patrem · et filium · & spm̃ scm̃ · patrem eo qd filiũ habet, Filium eo qd patrem habeat. Spm̃ scm̃ eo qd sit ex patre et filio; pater ergo ē principium diatatis qui sicut nũquã fuit nñ sit dr̃ · it anuquã fuit nñ si pater a quo filius natus a quo sps̃ ñ natus' quia ñ · ē filius neq; ingenitõ quia ñ · ē pater nec factus sps̃ scs̃ qua non · ē ex nihilo sed ex dõ patre & dõ filio, Ds̃ procedens · pater ae ternus eo qd aeternum habeat filium cuius aeter̃n sit pater Filius aeternus eo qd sit patri & spũ scõ coaeter̃nus, sps̃ scs̃ aeternus eo qd sit patri & filio coaeter̃n, Ñ confusa in una p̃sona trinitas ut Sabellius dicit; Neq; separata aut diuisa in natura diuinitas ut arrius blas phemat, sed alter in p̃sona pat alter in p̃sona filius alter in p̃sona sps̃ scs̃; Unus in natura in scã trinitate pater et filius et sps̃ scs̃ ·

Nonpater carnem assumpsit neq; sps̃ scs̃ Sed filius tantum ·; ut qui erat in diuinitate patris filius, ipse fieret in homine homi nis matris filius. Ne filius dm̃ ad alterẽ transiret naturam, quin ẽt natiuitate di filius; Di ergo filius factus ẽ hominis filius Natus sedm ueritatem naturae ex dõ di filius; & sedm ueritatem naturae ex homine hominis filius; Ut ueritas geniti ñ adoptione ñ appel

(Fin de la lettre XXII de S. Jérome, adressée à Eustochie. — Début du traité *de Ecclesiasticis dogmatibus* de Gennadius.)

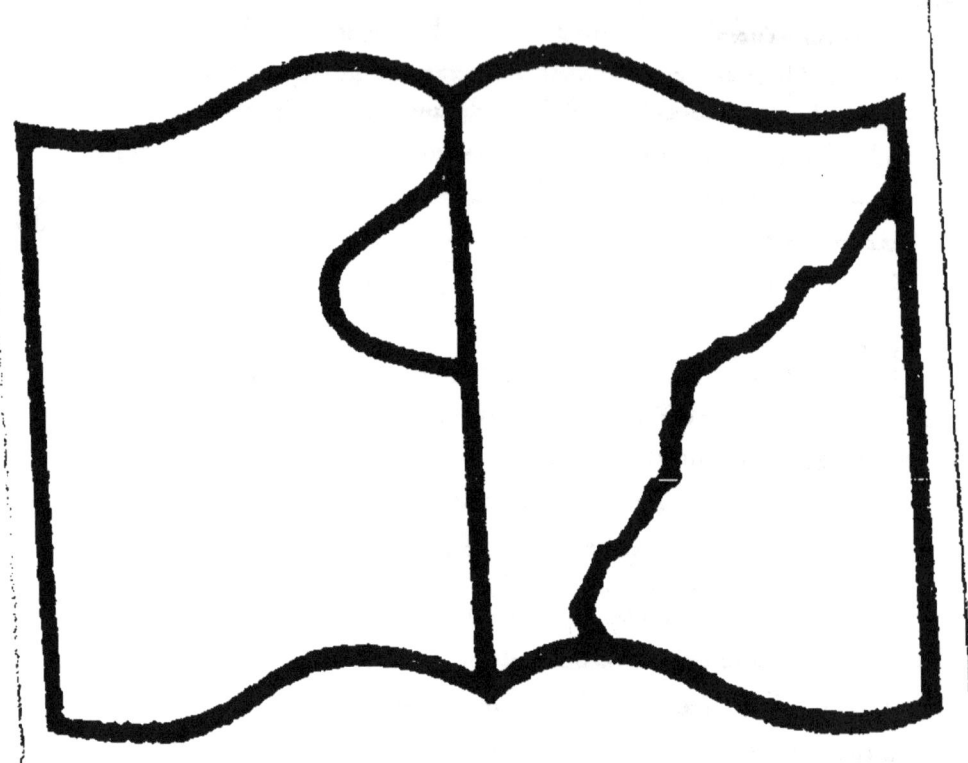

Texte détérioré
Marge(s) coupée(s)

iremeae non conuertam ut disp dam te. qm dr ego & non homo in medio tui sr̄. Si enim auerso populo nec peniteret qui terdin quenr om̄ib; sε abominationib; in pa_ dicitur & idolis subiecerat tanta patientia sustinens talem misericordiam obtulisti. quantum placabilior ēē poteris sup eum qui non ē auersus abs te & pro peccato suo penitens incuruatur & depcatur te. Rectεε id circo aliusp phεta clamat. Conuertimini ad dn̄m qui benignus & misericors ē patiens & multε misericordiae. & prεstabilis sup malitiam. Dauid aūt ait. Miserator & miserecors dn̄s patiens & multum miserecors. Non secundū peccata nr̄a fecit nobis neq; secundū iniquitates nr̄as retribuit nobis. Et in salomone. Miserat sε pεnitentibus. Et rursum. Q̄m pius & miseri cors ēdr̄s & remittens in tempr tribulationis peccata omib; exqui rentib; se in ueritate. hinc & iam cū p phεtε testimonio apt rε oxa tur dicens. hodie si uocem eius audieritis nolite obdurare corda ura. Non eni habemus pontifice qui non possit compati infirmitatib; nr̄is. Adeamus ergo cū fiducia ad thronū gloriae eius et misericordiam consequamur & gr̄am inueniamus in auxilio oportuno. Tu aūt dn̄e laborantib; iniquitate & honeratis pondere peccatorū clamas. Uenite ad me omnes qui laborat & honerati estis et ego rεquiescere faciam. Et multa alia huiusmodi quae de omib; scrip turis pscribere longū ē. Tantε igitur patientiε tantarūq; misericordiarū dn̄m desiderantiquaeram audaciter adeam. libenter sequar frater amplectar. humiliti

(Extrait de la prière *Pro correptione vitæ* : œuvres d'Isidore de Séville, *Patrologia Latina*, LXXXIII, c. 1268.)

www.ingramcontent.com/pod-product-compliance
Lightning Source LLC
Chambersburg PA
CBHW060525050426
42451CB00009B/1167